Inhalt

Privatbankiers - Schwieriges Umfeld erfordert neue Strategien

Kernthesen

Beitrag

Fallbeispiele

Zahlen und Fakten

Weiterführende Literatur

Impressum

GENIOS BranchenWissen Nr. 12/2005 vom 16.12.2005

Privatbankiers - Schwieriges Umfeld erfordert neue Strategien

Autor GENIOS BranchenWissen: G.Dengl

Kernthesen

- Für die kleinen Privatbankiers wurde es in den letzten Jahren immer schwieriger in einem von Industrialisierung geprägtem Markt zu bestehen.
- Privatbankiers können als Nischenanbieter durch Konzentration vor allem auf die Vermögensverwaltung und die Auslagerung bestimmter Tätigkeiten auch in Zukunft sehr erfolgreich wirtschaften.
- Neben internationalen Großbanken, haben nun in Deutschland vor allem auch die

Landesbanken das Geschäft mit vermögenden Privatkunden als mögliches neues Betätigungsfeld entdeckt und sorgen für zusätzlichen Wettbewerb.

Beitrag

Bei Privatbankiers handelt es sich meist um kleine, familiengeführte Institute, die in der Öffentlichkeit kaum in Erscheinung treten, obwohl sie teilweise seit über hundert Jahren erfolgreich wirtschaften. Gerade diese Diskretion und die individuelle Betreuung schätzt deren Klientel, in der Regel begüterte Privatkunden und Firmengründer, besonders. Aber in den letzten Jahren wurde es immer schwieriger im Konkurrenzkampf zu bestehen.

Unabhängigkeit vieler Privatbankiers gefährdet

In Zeiten harten Wettbewerbs müssen Privatbankiers ihren Mehrwert, insbesondere auch gegenüber ihrer anspruchsvollen Kundenschaft, immer mehr beweisen. Reiche Privatkunden legen Wert auf persönliche Betreuung, die insbesondere Zugang zu den immer komplexer werdenden Anlageprodukten bieten sollte. Für die Privatbankiers bedeutet dies eine

Grenzwanderung zwischen Individualität und Globalisierung. Langfristig wird dies wohl dazu führen, dass die Branche sich konsolidiert. (15)

Privatbankiers betonen meist, dass sie objektiv beraten können und nicht bevorzugt konzerneigene Produkte verkaufen müssen. Als Vorteil führen sie auch die Kontinuität von Stil und Strategie an, die nicht wie bei Großbanken durch häufig eintretenden Managementwechsel immer wieder einmal umgeworfen werden. (5)
Sie sind traditionell stolz darauf nicht börsennotiert und deshalb unabhängig von fremden Eigenkapitalgebern zu sein. Sie befinden sich stattdessen in der Regel im Familienbesitz. Dies ist insbesondere dann ein Vorteil, wenn langfristig angelegte Geschäftsstrategien, unabhängig von der kurzfristigen Quartalsberichterstattung und permanenter Börsenbewertung, umgesetzt werden sollen. (12)
Angesichts der Industrialisierung der Finanzbranche stellt sich jedoch für die in der Regel kleinen Privatbankiers die Frage, wie sie die komplexen Produkte und Dienstleistungen sowie administrativen Rahmenbedingungen darstellen können, und dabei noch die Anforderungen von Gesetzgeber und Aufsicht erfüllen. Insbesondere die Datenverarbeitung sowie die neuen Mindestanforderungen an das Risikomanagement

oder die künftigen Eigenkapitalvorschriften (Basel II) belasten die Branche. (15) Die vergangenen Jahre haben gezeigt, dass immer mehr Privatbankiers ihre Unabhängigkeit verloren haben. Derzeit gibt es in Deutschland noch etwa ein Dutzend Häuser im Familienbesitz, die allerdings einen signifikanten Marktanteil haben.

Rentabilität von Privatbankiers schwierig zu vergleichen

Innerhalb der Gruppe der Privatbankiers ist es schwierig, die Rentabilität der einzelnen Häuser zu vergleichen. Zu unterschiedlich gesetzt sind die Schwerpunkte des Geschäftsmodells. Während einige Häuser extrem zur Bildung stiller Reserven neigen, weisen andere immer den maximalen Gewinn aus. Während sich die einen aus dem Kreditgeschäft schon verabschiedet haben, sehen andere dies immer noch als Bestandteil einer ganzheitlichen Betrachtung des Kunden. (12)

Falls alleine nicht lebensfähig, dann unter das Dach einer

internationalen Großbank?

Für einige der kleinen Privatbankiers wurde der Wettbewerb so hart, dass sie alleine nicht mehr überlebensfähig waren. Ein beliebter Ausweg aus diesem Dilemma ist die Eingliederung in eine - vorzugsweise international agierende - Großbank, wobei aber die Marke erhalten bleibt, und damit auch bestimmte Handlungsfreiheiten. Teil einer Großbank zu sein, kann sowohl Vor- als auch Nachteil sein. Für Delbrück Bethmann Maffei scheint sich die Zugehörigkeit zu ABN Amro auszuzahlen. Durch das weit gesponnene Netz der Muttergesellschaft kann der Kundschaft ein Aktionsradius in der Vermögensverwaltung angeboten werden, den andere Privatbanken so nicht bieten können, z.B. in Form des aktuell aufgelegten geschlossenen Asienfonds. Ohne die Expertise und das finanzielle Rückgrat der Muttergesellschaft wäre das nicht möglich gewesen. (8)

In diesem Zusammenhang bleibt aber die Frage offen, wie viel Freiheiten einem Privatbankier als Private-Banking-Einheit einer Großbank bleiben, und ob es überhaupt noch möglich ist, ein individuelles Profil zu entwickeln, das der Kunde wieder erkennt und wertschätzt. Auf Seiten des Übernehmers sind diese Zukäufe zudem mit Schwierigkeiten besonderer Art verbunden, da die Verwaltung privater Vermögen ein stark von Menschen geprägtes Geschäft ist. Der Übernehmer hat es hier gleich mit zwei sensiblen und sehr wechselwillige Personengruppen zu tun: den Kunden und den Beratern. (15)

Auch Landesbanken bekunden Interesse am Private Banking

Nach dem Wegfall von Gewährträgerhaftung und Anstaltslast seit Mitte des Jahres, haben die hiesigen Landesbanken mit einer Verschlechterung des Ratings und damit mit einer Verteuerung der Refinanzierung zu kämpfen. Parallel wird ihre Rolle als Tor zum Kapitalmarkt für die zugeordneten Sparkassen nicht mehr nachgefragt: der Kapitalmarkt ist mittlerweile so weit entwickelt, dass viele Sparkassen mit eigenen Abteilungen am Markt agieren und die Landesbanken hierzu nicht mehr benötigen.
Auf der Suche nach neuen Einnahmequellen haben die Landesbanken schließlich das Private Banking entdeckt. Da sie im Retailgeschäft den Vorsprung der Sparkassen jedoch kaum aufholen können dürften, ist für sie das Geschäft mit vermögenden Privatkunden von besonderem Interesse. Beispiele aus der jüngsten Vergangenheit gibt es zu Hauf:
- die WestLB hat in diesem Frühjahr die Weberbank

übernommen (1)
- sowohl BayernLB als auch Nord-LB halten Anteile an Hauck & Aufhäuser
- die LBBW ist mit ca. einem Fünftel bei HSBC Trinkaus & Burkhardt engagiert. (12)
Dieser Vorstoß der Landesbanken führt zu einem Konflikt mit ihren Eigentümern, den Sparkassen. Auch sie sind in den vergangenen Jahren immer aktiver auf vermögende Privatkunden zugegangen und waren dabei teilweise recht erfolgreich (siehe z.B. die TaunusSparkasse). Nun müssen sie sich auf Konkurrenz aus dem eigenen Lager gefasst machen. (6), (13)
Insgesamt wird sich damit der Wettbewerb um die vermögenden Privatkunden noch verschärfen, und darauf müssen sich die Privatbankiers auf jeden Fall einstellen. (5)

Neufokussierung als strategische Option

Eine strategische Option für diejenigen Privatbankiers, die unabhängig bleiben wollen, ist die Neufokussierung des Geschäftsmodells. Über die reine Vermögensverwaltung hinausgehende Dienstleistungen sind üblich. So helfen die Privatbankiers in der Regel bei der Planung der

Unternehmensnachfolge oder bei der Finanzierung neuer Investitionen. (3) Wesentliche Erfolgsfaktoren sind daneben innovative Produkte, besonderer Service und nicht zuletzt das Verständnis für nationales und internationales Steuerrecht. (5)

Für die meisten Privatbankiers lohnt es sich heute aber nicht mehr, die komplette Wertschöpfungskette und Dienstleistungspalette im eigenen Haus abzubilden (Ausnahmen bestätigen die Regel - siehe das Beispiel Metzler in Cases). Der Markt ist mittlerweile soweit entwickelt, dass sehr viele Arbeitsschritte ausgelagert und anschließend bei Bedarf hinzugekauft werden. (12) Durch die Konzentration auf ihre Kernkompetenz wie Vermögensverwaltung können auch kleine Bankhäuser in der Nische stark bleiben. Wenn Großbanken von Asset Management sprechen, dann meinen sie damit die Verwaltung eines großen Gesamtvermögens, dass sich aus einzelnen Depotvermögen zusammensetzt, die in der Regel nicht 250 000 Euro überschreiten. Das Management großer Einzelvermögen ist und bleibt jedoch vielfach das angestammte Ressort der Privatbankiers. Deshalb wundert es kaum, dass sich die Liste der 22 besten Vermögensverwalter aus dem deutschsprachigen Europa laut dem Elite-Spezialreport, wie ein Who-is-who der Szene der Privatbankiers liest. (4)

Um die Gunst der rund 760 000 Millionäre in Deutschland, werben nicht nur die Privatbankiers mit Tradition, der Kompetenz ihres Personals und dem besonderen Verständnis für die Anliegen und Probleme der gut situierten Klientel. In Zeiten der Globalisierung und den damit verbundenen Chancen und Risiken insbesondere auch für das Vermögen ihrer Kunden müssen sich die Privatbankiers daher verstärkt auf die eigenen Kompetenzen fokussieren. (5)

Fallbeispiele

Metzler als unabhängiges Bankhaus erfolgreich in der Vermögensverwaltung

Im Gegensatz zum Trend unter den Privatbankiers verfolgt Metzler nicht die Strategie der Auslagerung möglichst vieler Schritte der Wertschöpfungskette in der Vermögensanlage, sondern macht alles selbst. Diese Entscheidung hat nicht unerheblich Folgen auf die Investition in die IT-Landschaft, scheint sich aber nun auszuzahlen. Das Neugeschäft wächst, und man will bald die psychologische Grenze eines verwalteten Vermögens von 20 Milliarden Euro durchbrechen. Damit wäre Metzler einer der 15 größten Vermögensverwalter in Deutschland überhaupt. Als ein wesentlicher Erfolgsfaktor wird dabei gesehen, dass Metzler nicht an der Börse notiert ist. (11)

Verhandlungen um Beteiligungsverhältnisses bei Trinkaus & Burkhardt

Nachdem die britische Mehrheitsaktionärin HSBC ihren Anteil an Trinkaus & Burkhardt von 73,5 Prozent auf 77,8 Prozent aufgestockt hat, wird die bisherige Aktionärin LBBW keine Sperrminorität mehr erreichen können. Etwa zwei Prozent der Aktien befinden sich noch im Streubesitz. Die LBBW möchte zwar ihr Engagement bei Trinkaus & Burkhardt nicht aufgeben, denn dies ist Teil der Private Banking Strategie der Landesbank, kann aber bedingt durch die neuen Mehrheitsverhältnisse kaum noch Einfluss auf die Geschicke des Bankhauses nehmen. Die Gespräche über die Veränderung der Beteiligungsverhältnisse zwischen LBBW und HSBC dauern derzeit noch an. (10), (2)

WestLB bündelt Direktgeschäft mit vermögenden Privatkunden durch Übernahme der Weberbank

Mit dem Erwerb der Weberbank will die WestLB die strategische Allianz mit den Sparkassen und die gemeinsame Ausrichtung als "Universalbank neuen Typs" weiter ausbauen. Hauptsitz der Weberbank bleibt nach wie vor Berlin. Durch die Teilübernahme der Weberbank KGaA, die ihren regionalen Schwerpunkt im Großraum Berlin hat, will die WestLB ihr Direktgeschäft mit vermögenden Privatkunden bündeln. (14)

Zahlen & Fakten

Bilanzsummen ausgewählter Privatbankiers

	Bilanzsumme		Jahresüberschuss [1]	
	2003 Mio. EUR	2004 Mio. EUR	2003 Mio. EUR	2004 Mio. EUR
HSBC Trinkaus & Burkhardt KGaA [2]	10.988	13.323	46,9	78,0
Konzern Sal. Oppenheim & Cie.	9.684	11.898	82,9	141,6
M.M. Warburg & Co.	2.371	2.995	13,4	14,2
Konzern Bankhaus Hermann Lampe	3.279	3.015	18,8	14,4
Konzern B. Metzler Seel. Sohn & Co.	1.582	1.536	2,4	2,3
Berenberg Bank	1.852	1.912	37,4	39,7
Hauck & Aufhäuser	1.830	2.059	7,4	33,0

[1] nach Steuern

[2] Aktien befinden sich teilweise im Streubesitz

Quelle: Zeitschrift für das gesamte Kreditwesen 22 vom 15.11.2005 (7)

Geldeinlagen privater Haushalte nach Kreditinstitutstyp und Anlageart 2004

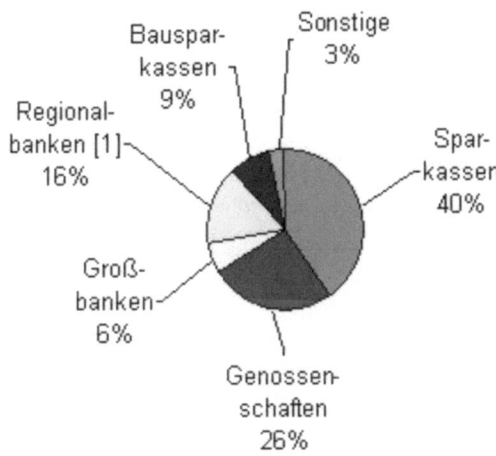

[1] Hierunter fallen Privatbankiers und Postbank

Quelle: Deutsche Bundesbank

Entnommen aus: Gruner und Jahr Branchenbild, Finanzdienstleistungen, 41/2004, S. 1 (9)

Weiterführende Literatur

(1) PRIVATE BANKING Wenn's um viel Geld geht
aus Sparkasse, Oktober 2005, Nr. 10, S. 18

(2) HSBC schwächt deutsche Partner Großbank bindet Trinkaus & Burkhardt enger an sich · Gesellschafter werden zu Vorständen
aus Financial Times Deutschland vom 01.12.2005, Seite 17

(3) Gneuss, Michael, Von reich bis ultrareich, Welt am Sonntag, 11.12.2005, Nr. 50, S. WS1
aus Financial Times Deutschland vom 01.12.2005, Seite 17

(4) "Oscar" der Finanzbranche
aus Süddeutsche Zeitung, 03.12.2005, Ausgabe Deutschland, S. 37

(5) Moderne Strategien in edlem Ambiente
aus Süddeutsche Zeitung, 30.11.2005, Ausgabe Deutschland, S. V2/4

(6) Private Banking bei Sparkassen: Wertschätzung als Erfolgsfaktor
aus Bank und Markt 12 vom 01.12.2005 Seite 034

(7) HSBC Trinkaus & Burkhardt / Sal. Oppenheim /

M. M. Warburg /Bankhaus Lampe KG / Bankhaus Metzler / Berenberg Bank / Hauck & Aufhäuser Privatbankiers KgaA
aus Zeitschrift für das gesamte Kreditwesen 22 vom 15.11.2005 Seite 1269

(8) Delbrück Bethmann Maffei - Besondere Kundschaft besondere Usancen
aus Zeitschrift für das gesamte Kreditwesen 19 vom 01.10.2005 Seite 1020

(9) D: Geldvermögen privater Haushalte 1991-2004
aus Gruner und Jahr Branchenbild, Finanzdienstleistungen, 41/2004, S. 1

(10) HSBC stockt bei Trinkaus auf
aus Frankfurter Allgemeine Zeitung, 03.12.2005, Nr. 282, S. 17

(11) Metzler verwaltet 20 Milliarden Euro
aus Frankfurter Allgemeine Zeitung, 02.12.2005, Nr. 281, S. 28

(12) Privatbankiers: zwischen Renaissance und Abgesang
aus Zeitschrift für das gesamte Kreditwesen 22 vom 15.11.2005 Seite 1232

(13) Kundenberatung rückt verstärkt in den Mittelpunkt der Banken Vielseitige Unterstützung für kundenorientierte Betreuung
aus Die SparkassenZeitung, 04.11.2005, Nr. 44, S. B10

(14) Weberbank jetzt WestLB-Tochter
aus Börsen-Zeitung, 10.12.2005, Nummer 239, Seite 3

(15) Auf leisen Sohlen
aus Börsen-Zeitung, 15.09.2005, Nummer 178, Seite 8

Impressum

Privatbankiers - Schwieriges Umfeld erfordert neue Strategien

Bibliografische Information der deutschen Nationalbibliothek

Die Deutsche Nationalbibliothek verzeichnet diese Publikation in der deutschen Nationalbibliografie; detaillierte bibliografische Daten sind im Internet über http://dnb.d-nb.de abrufbar.

ISBN: 978-3-7379-2047-6

© 2015 GBI-Genios Deutsche Wirtschaftsdatenbank GmbH, Freischützstraße 96, 81927 München, www.genios.de

Alle Rechte vorbehalten. Dieses Werk ist einschließlich aller seiner Teile – z.B. Texte, Tabellen und Grafiken - urheberrechtlich geschützt. Jede Verwertung außerhalb der Grenzen des Urheberrechtsgesetzes bedarf der vorherigen Zustimmung des Verlags. Dies gilt insbesondere auch für auszugsweise Nachdrucke, fotomechanische Vervielfältigungen (Fotokopie/Mikroskopie), Übersetzungen, Auswertungen durch Datenbanken oder ähnliche Einrichtungen und die Einspeicherung und Verarbeitung in elektronischen Systemen.